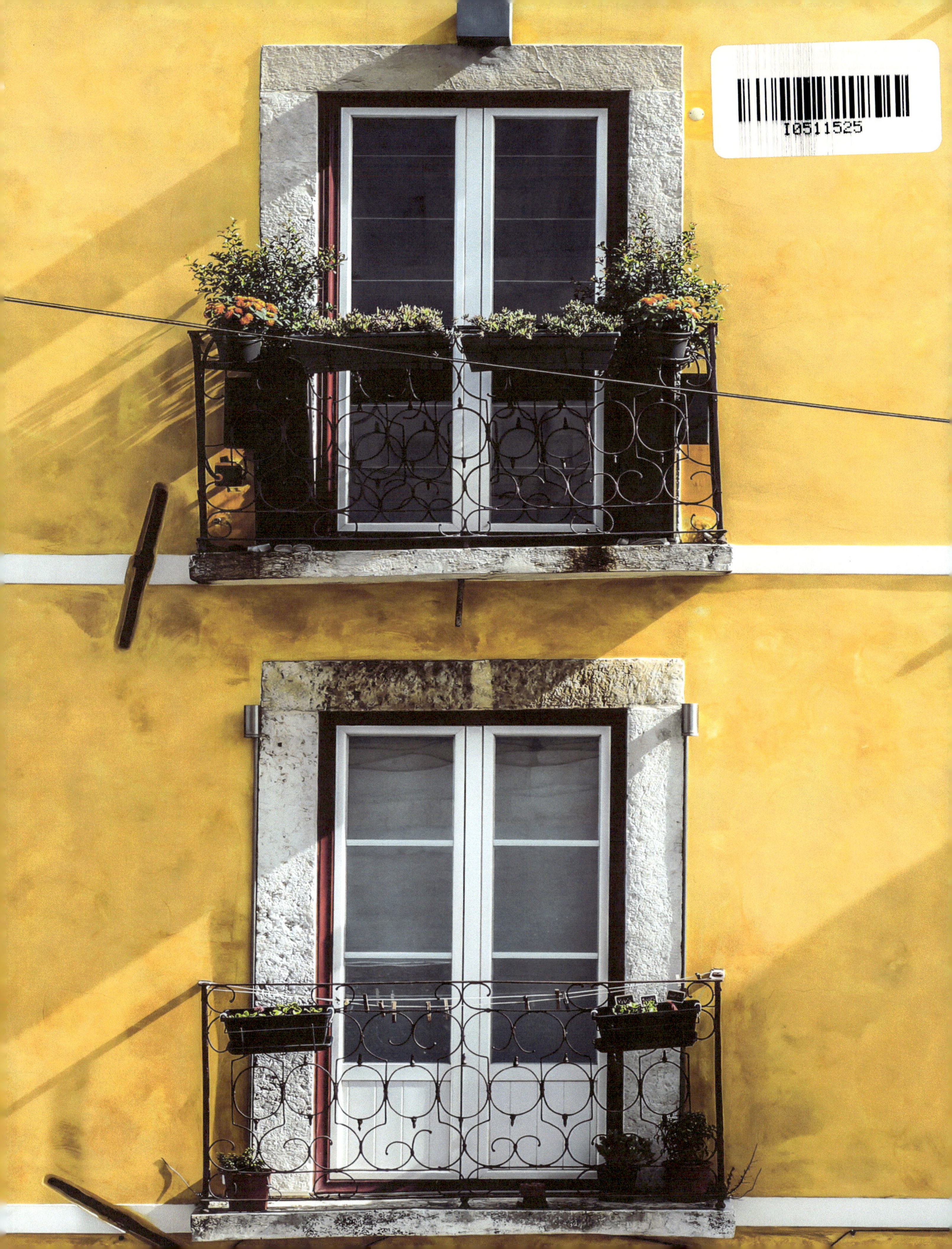

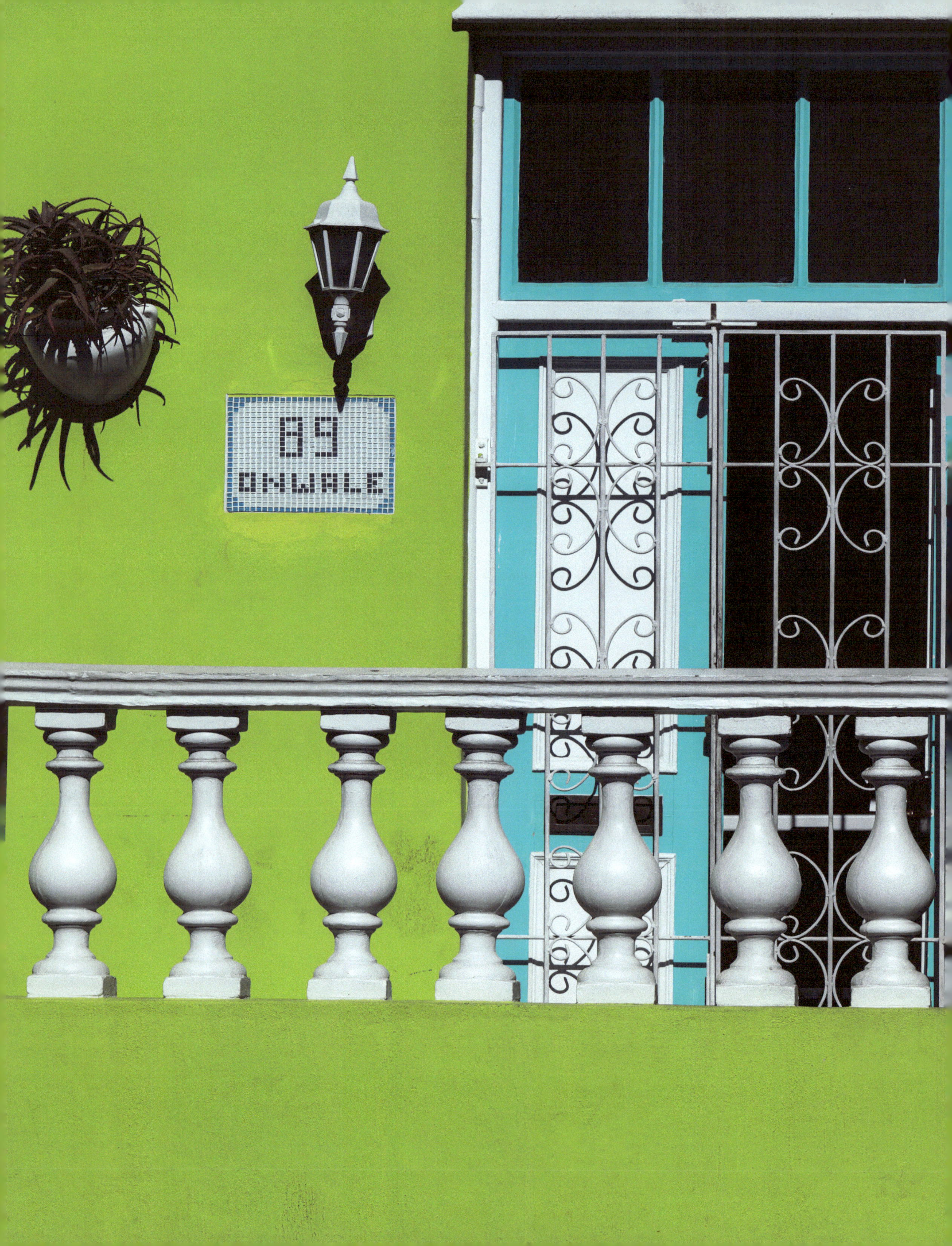
89
ONWALE

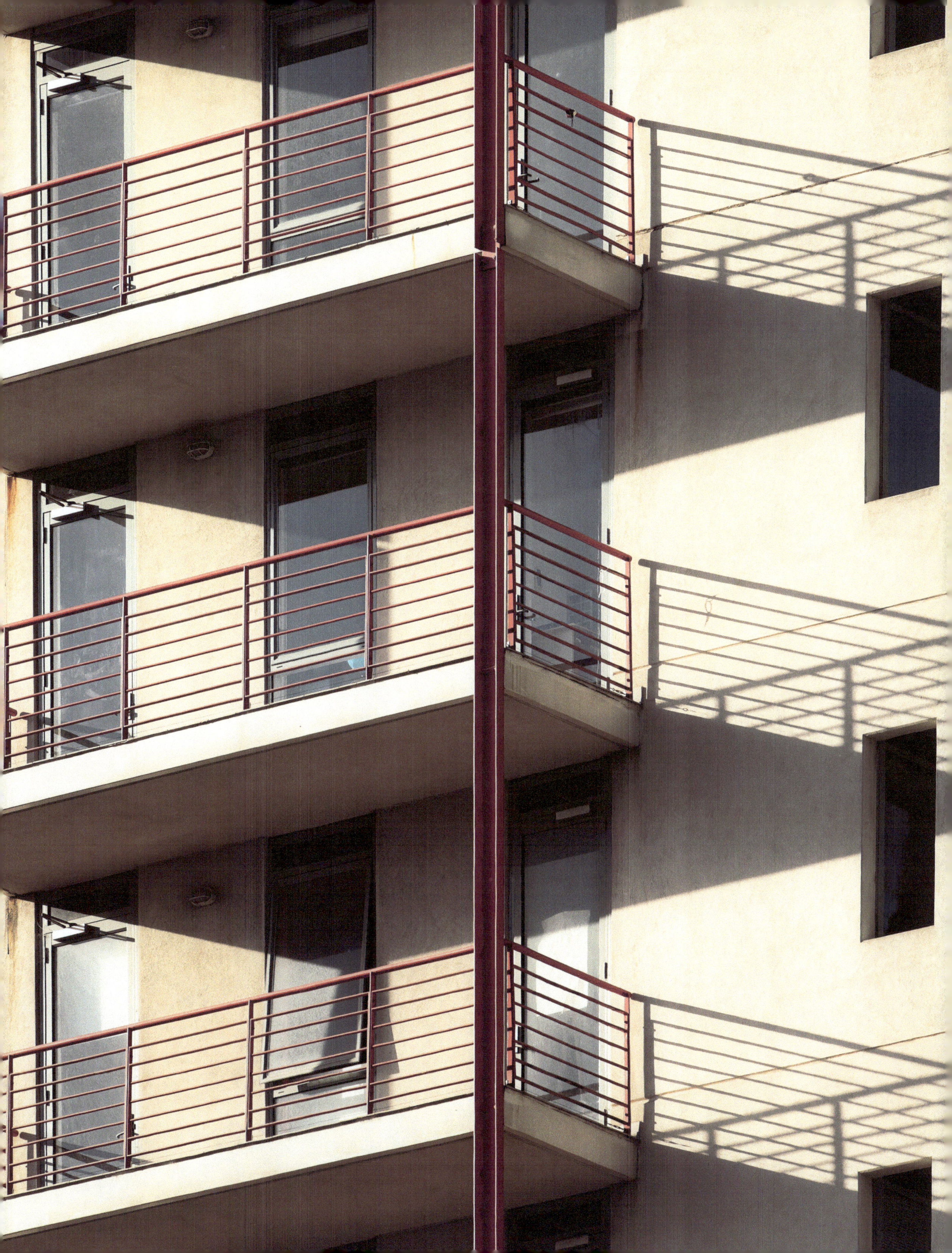

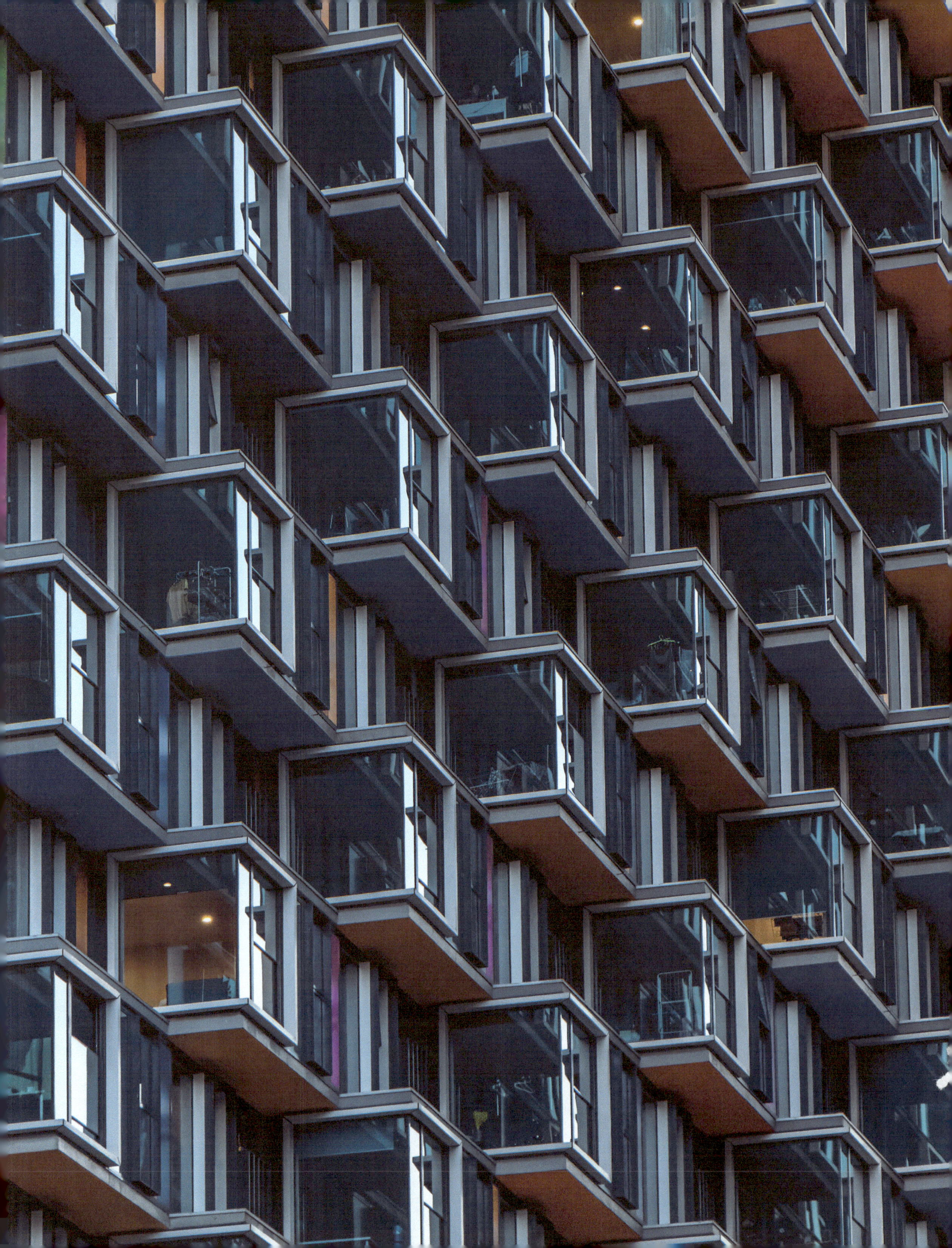

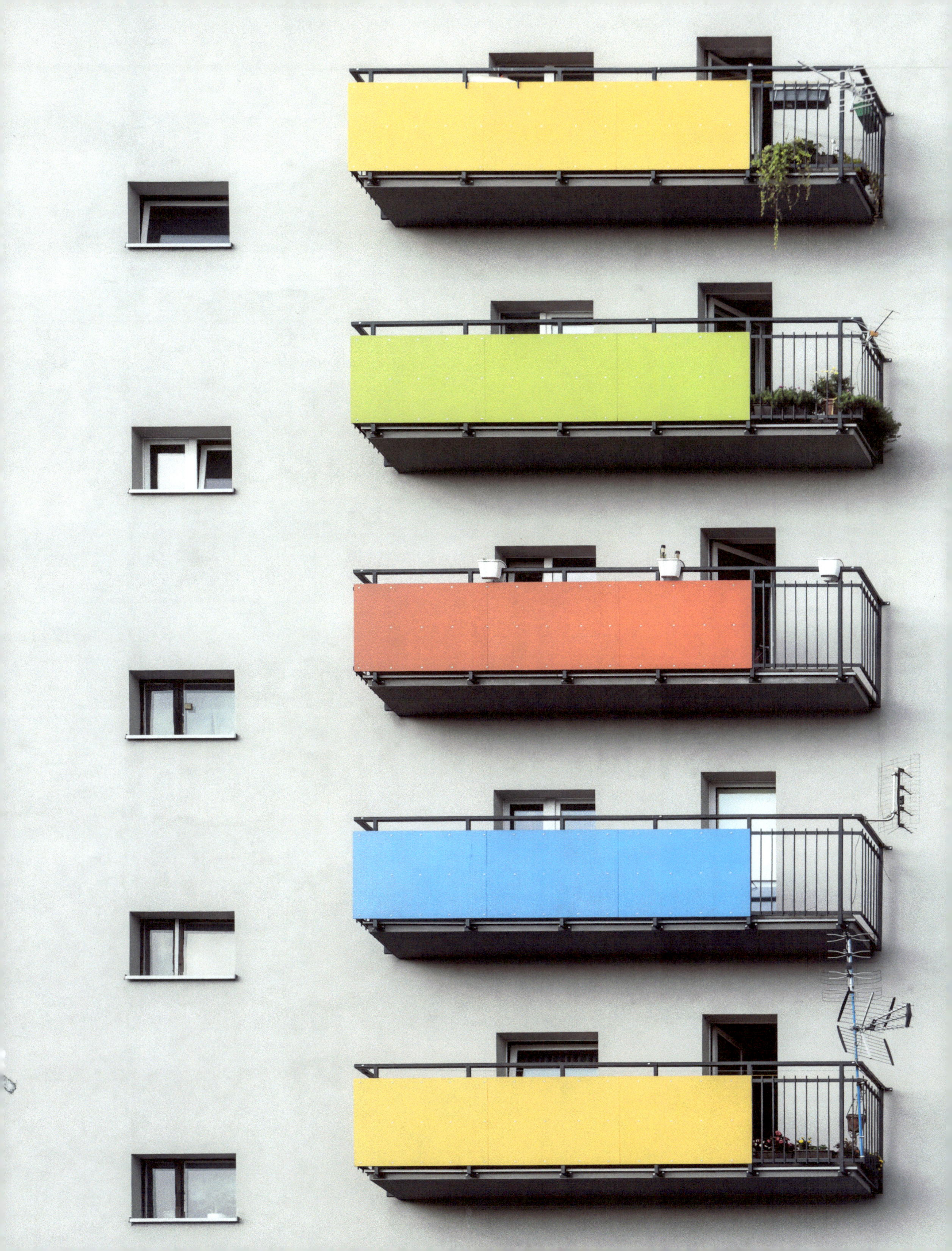

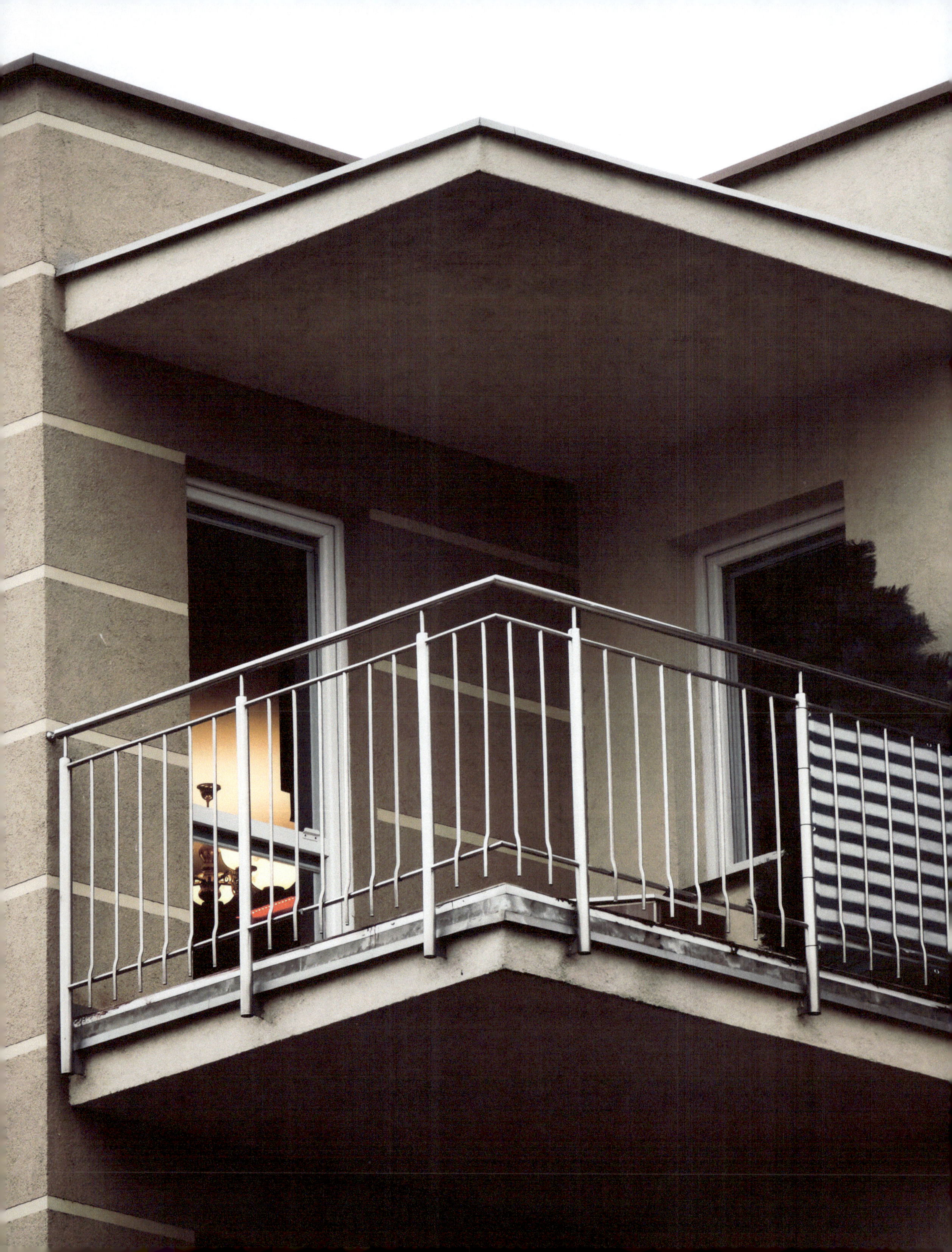

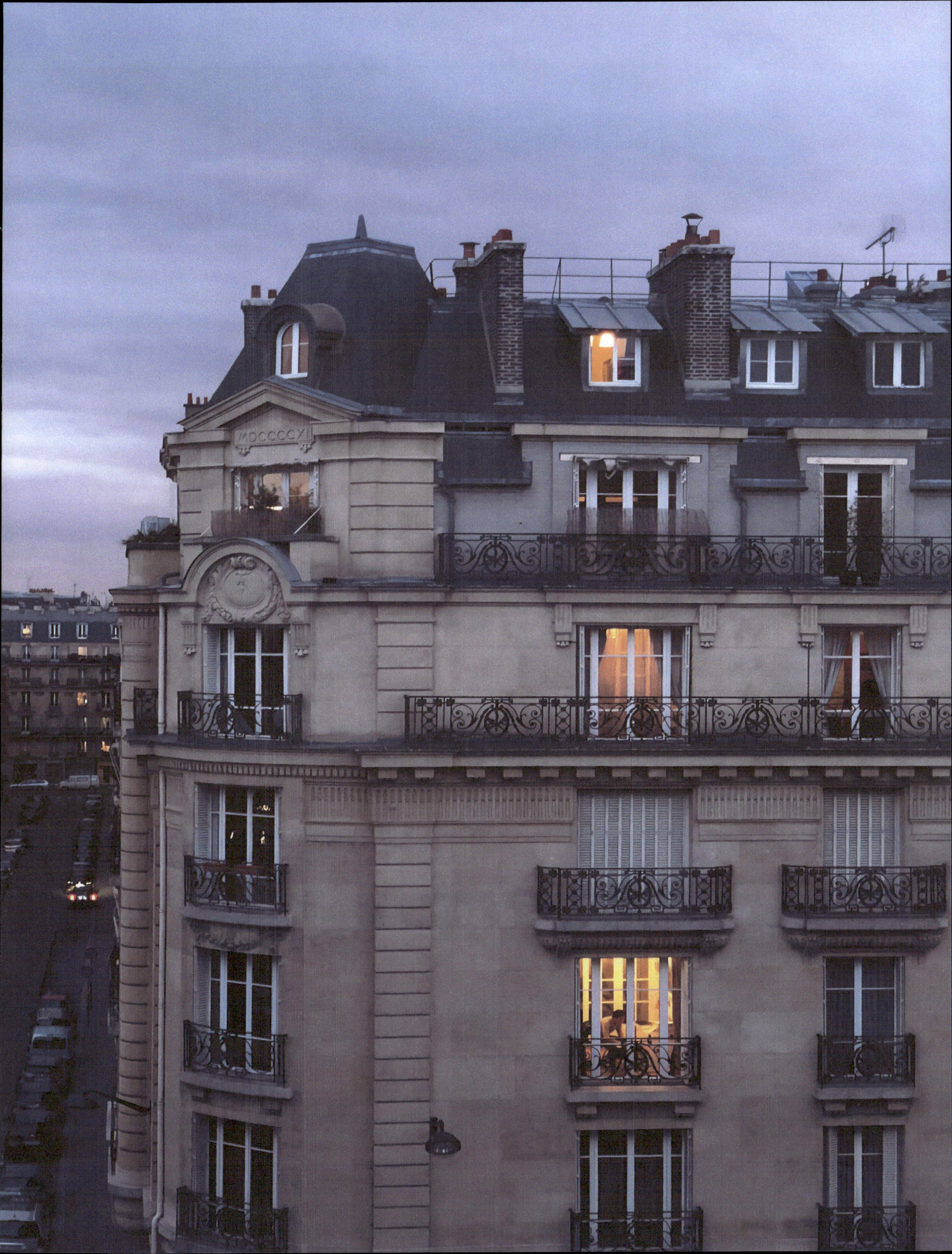
MDCCCCVI

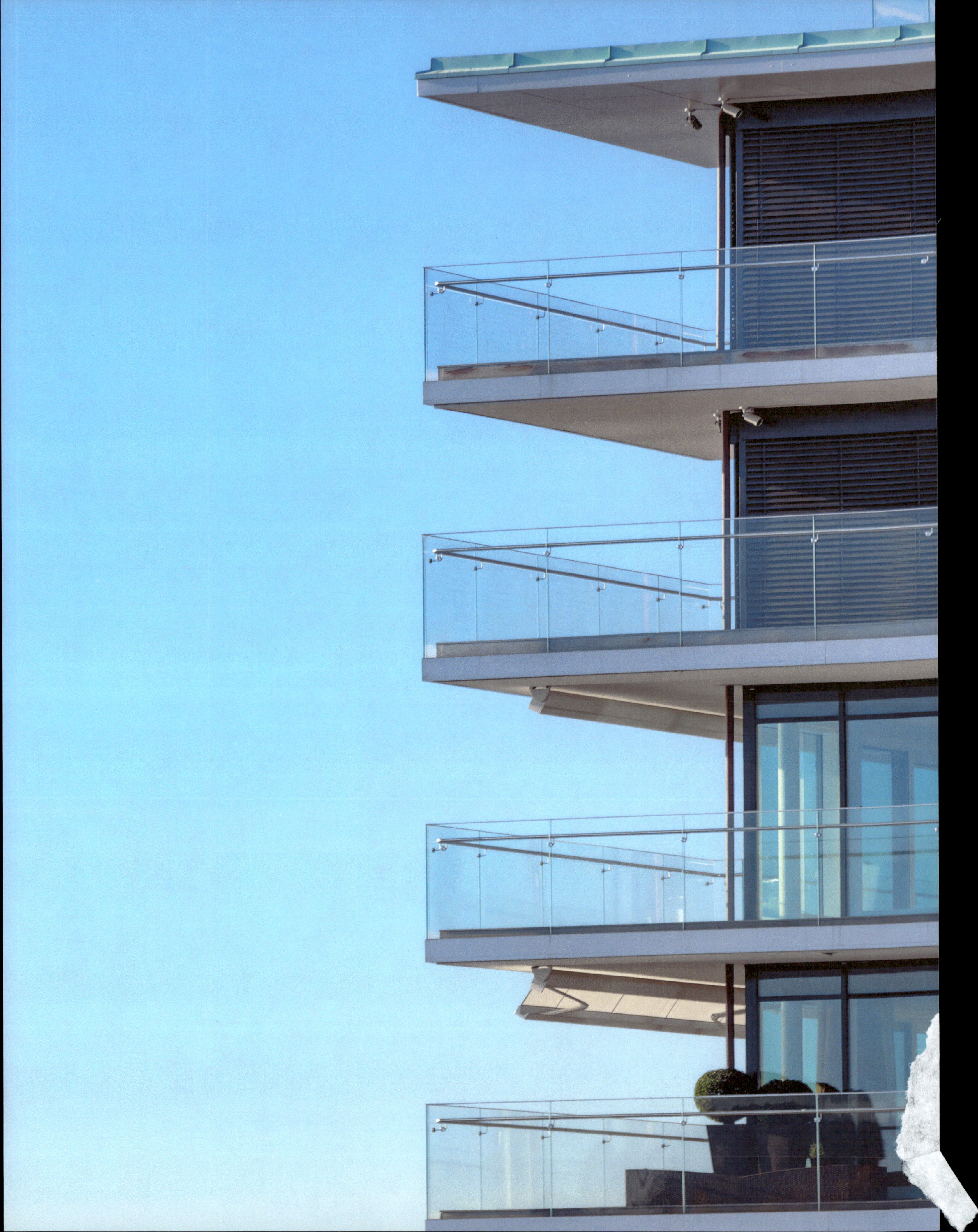

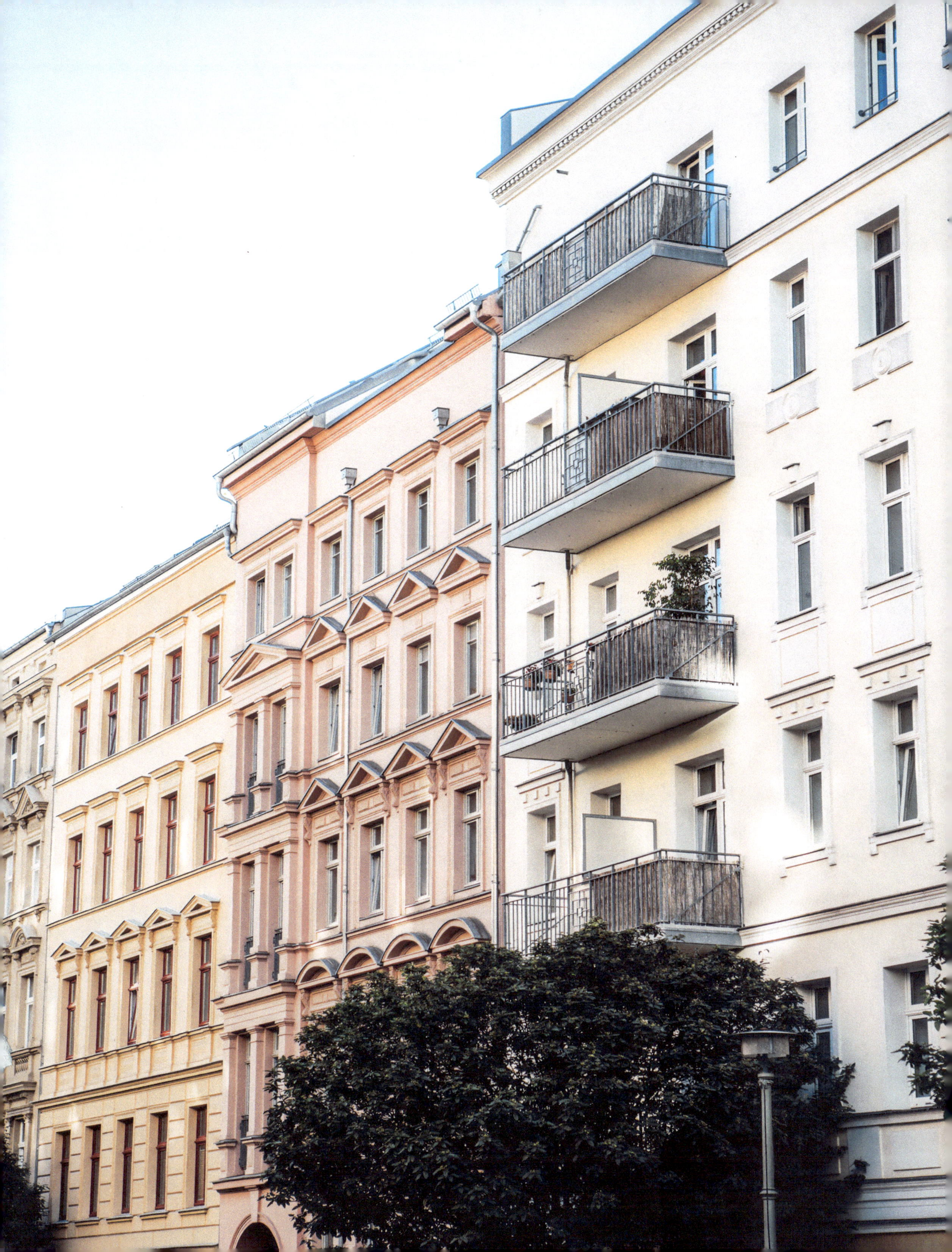

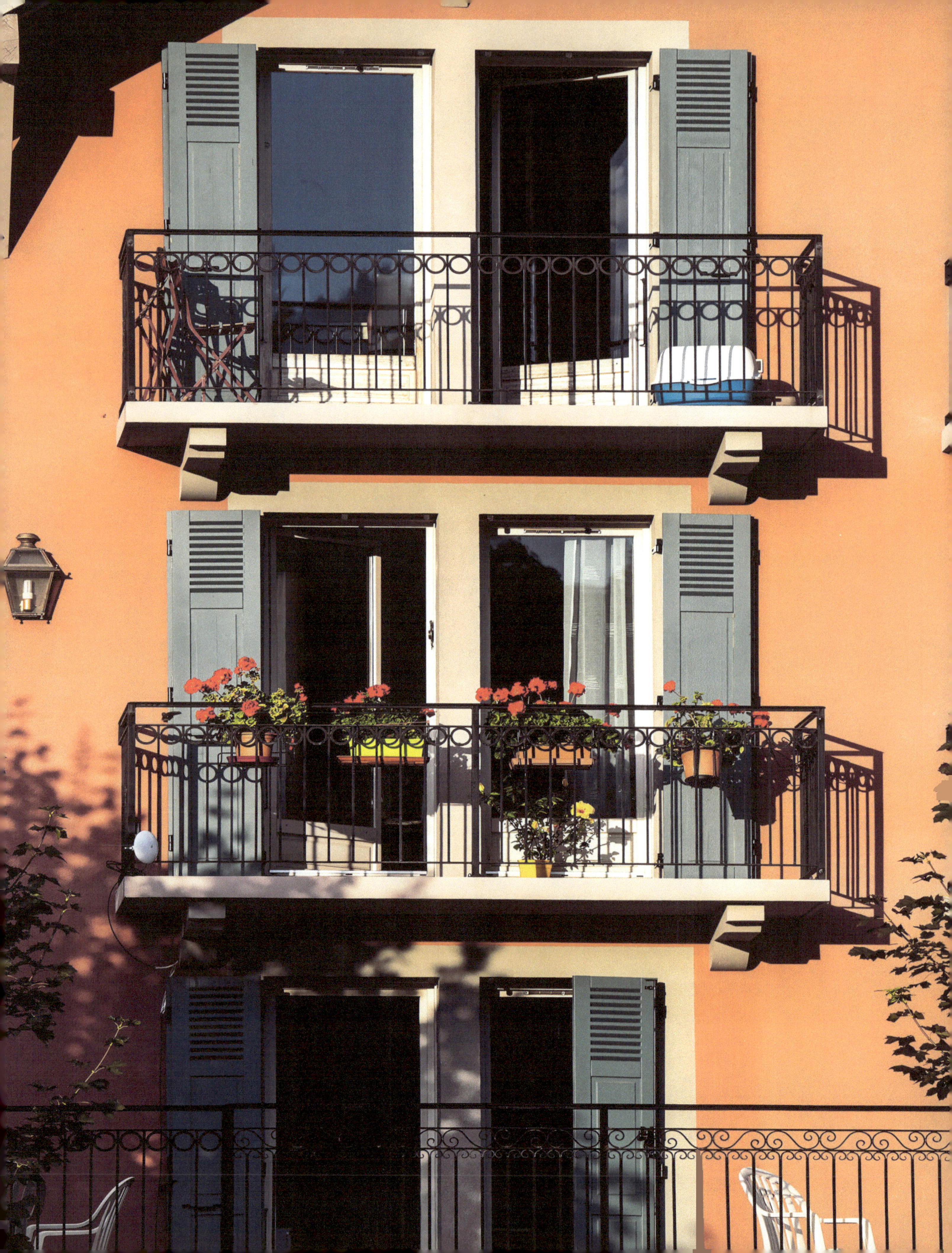

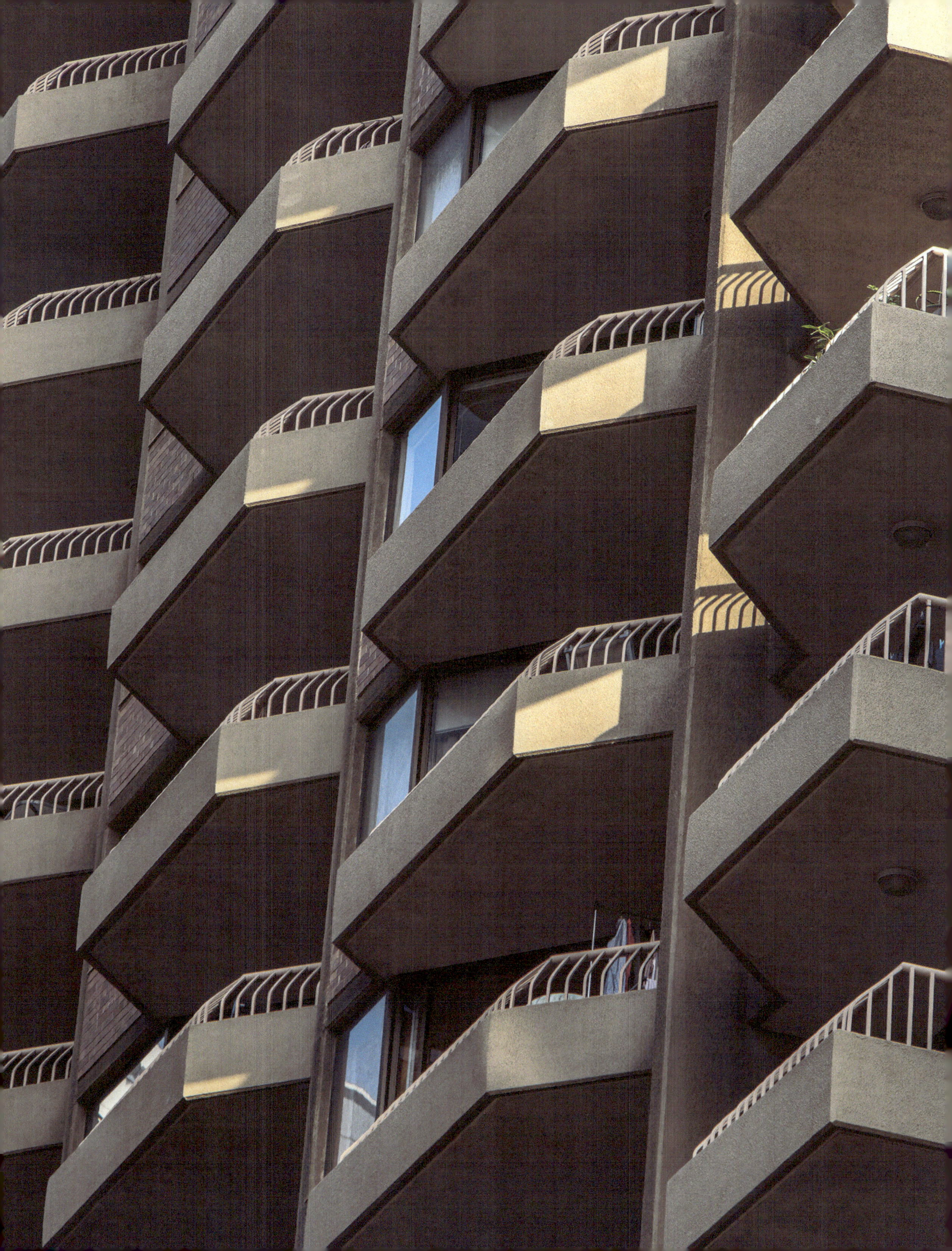

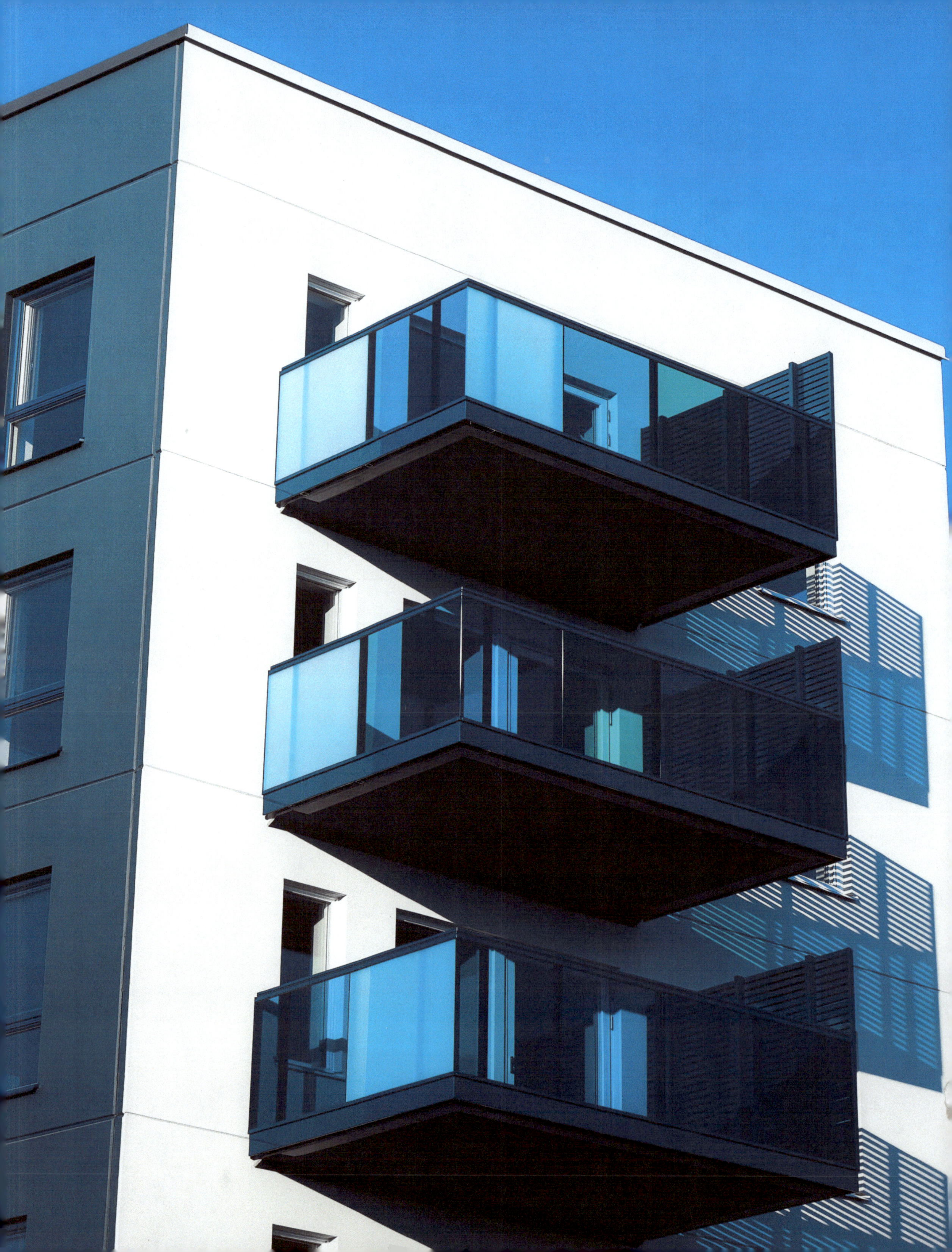

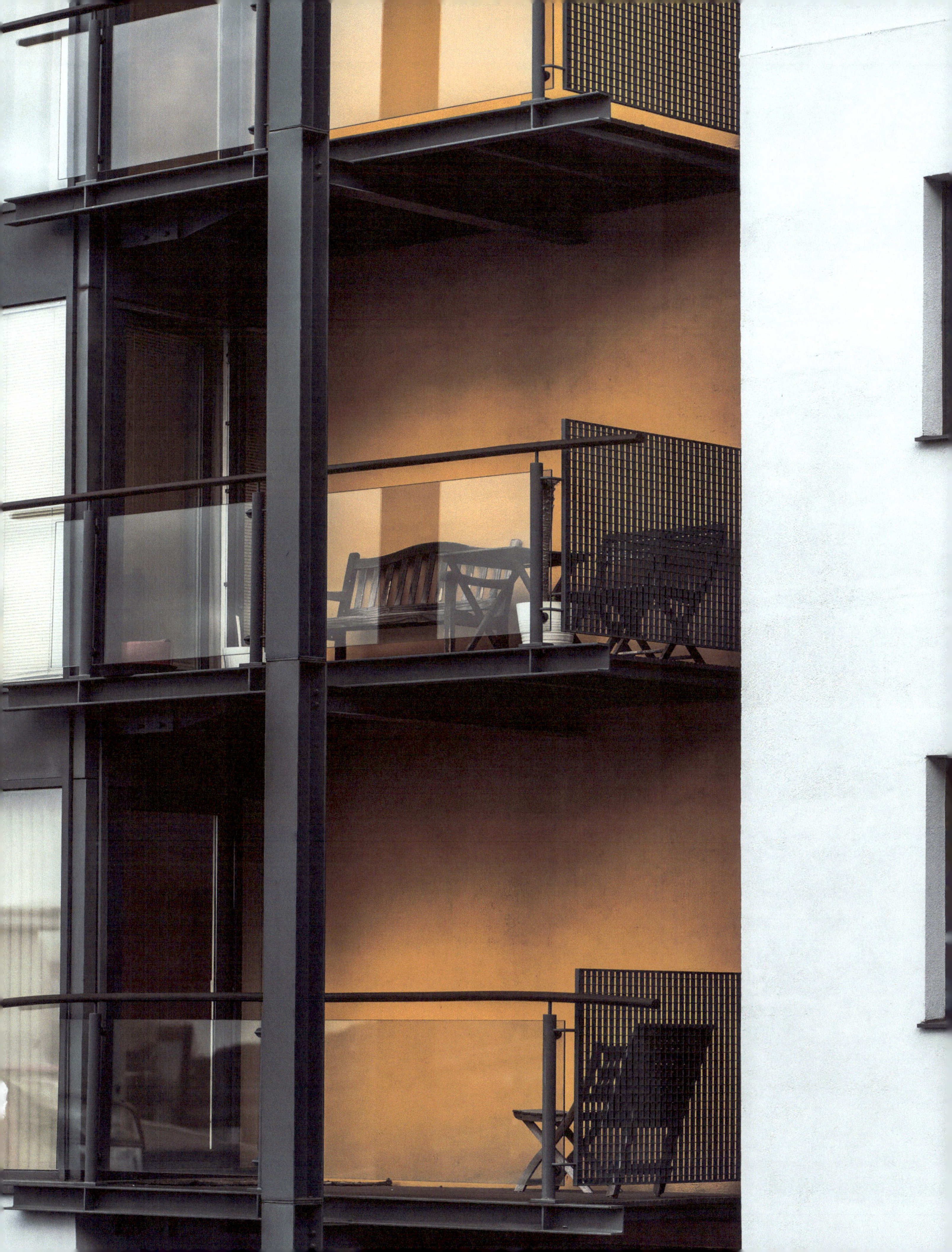

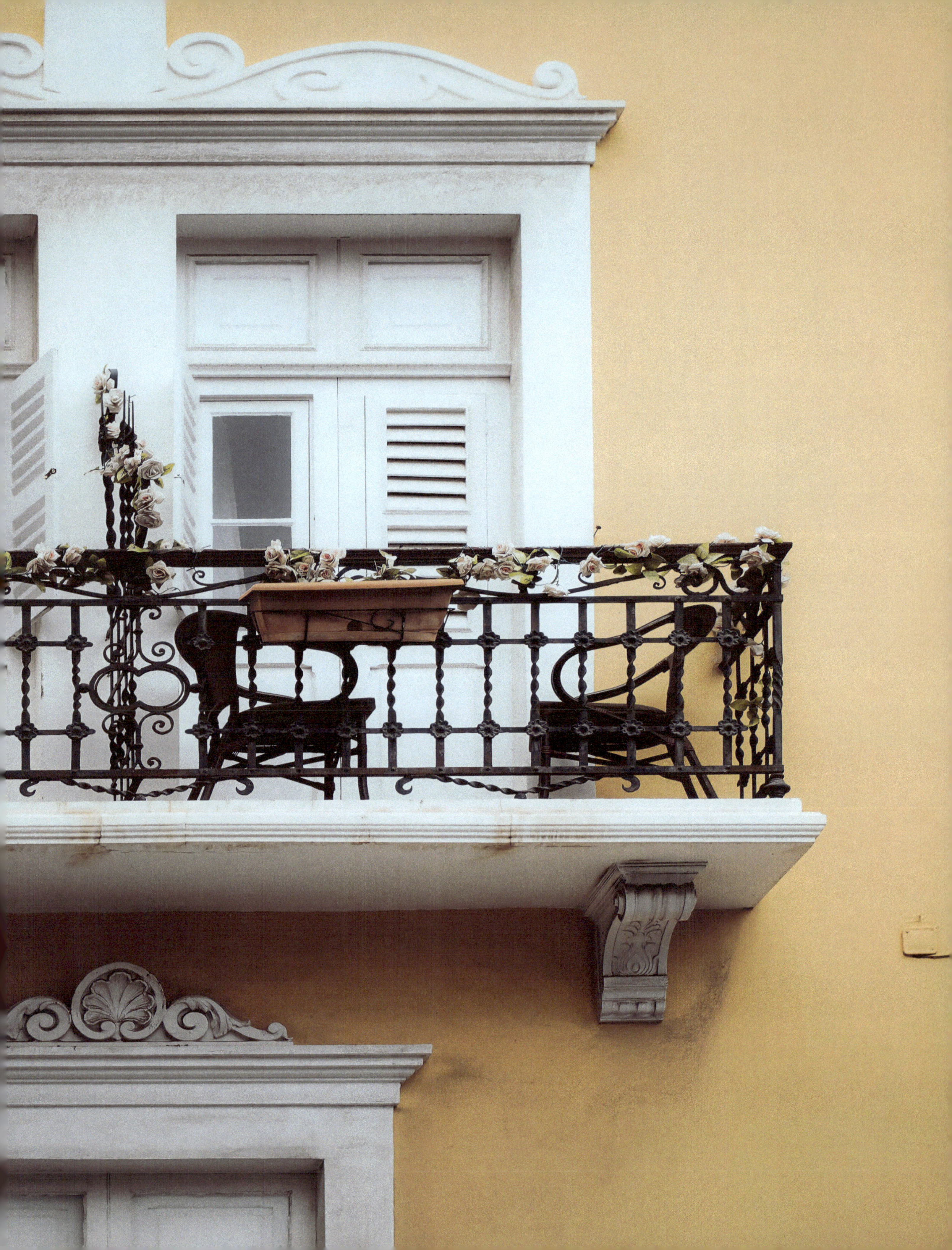

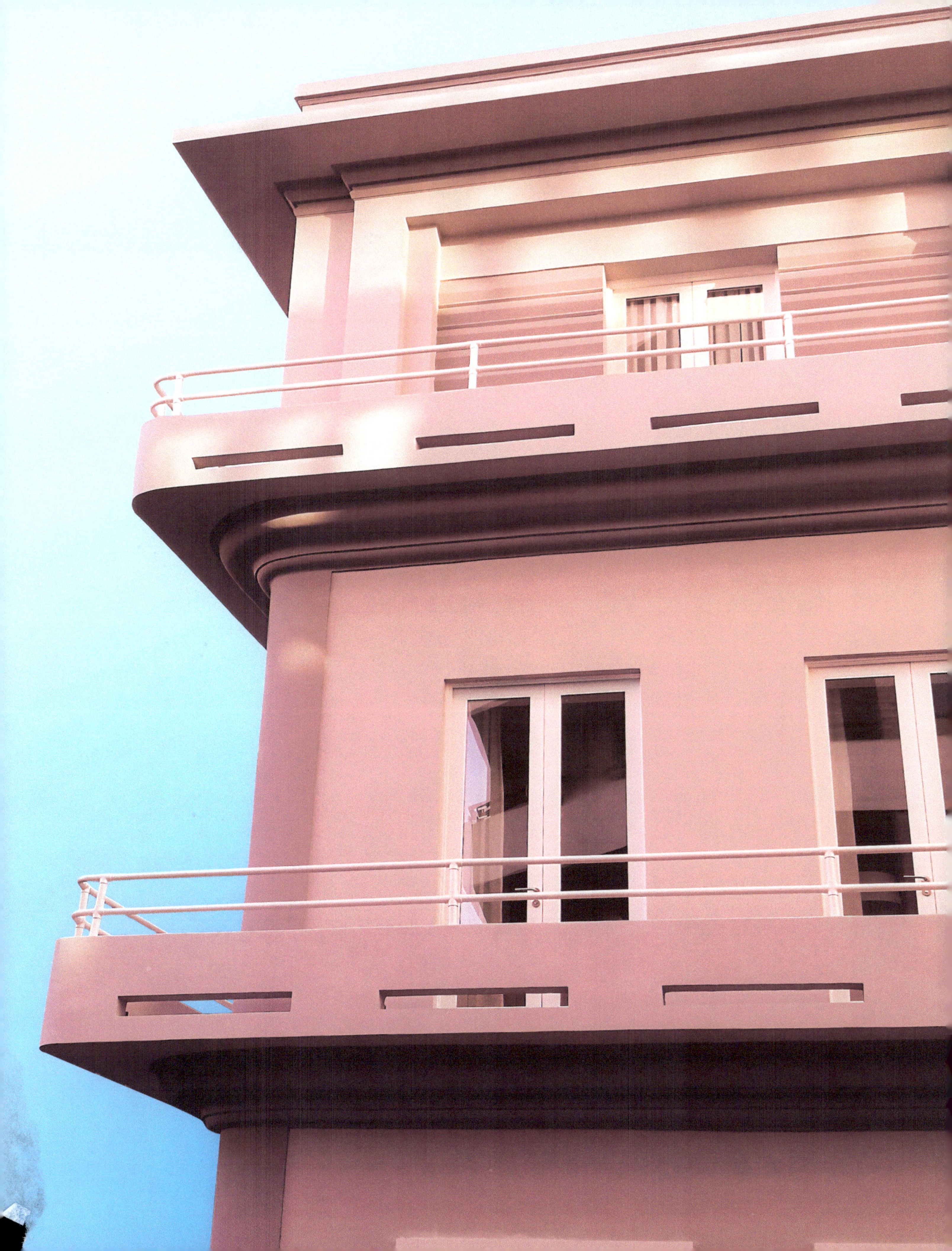

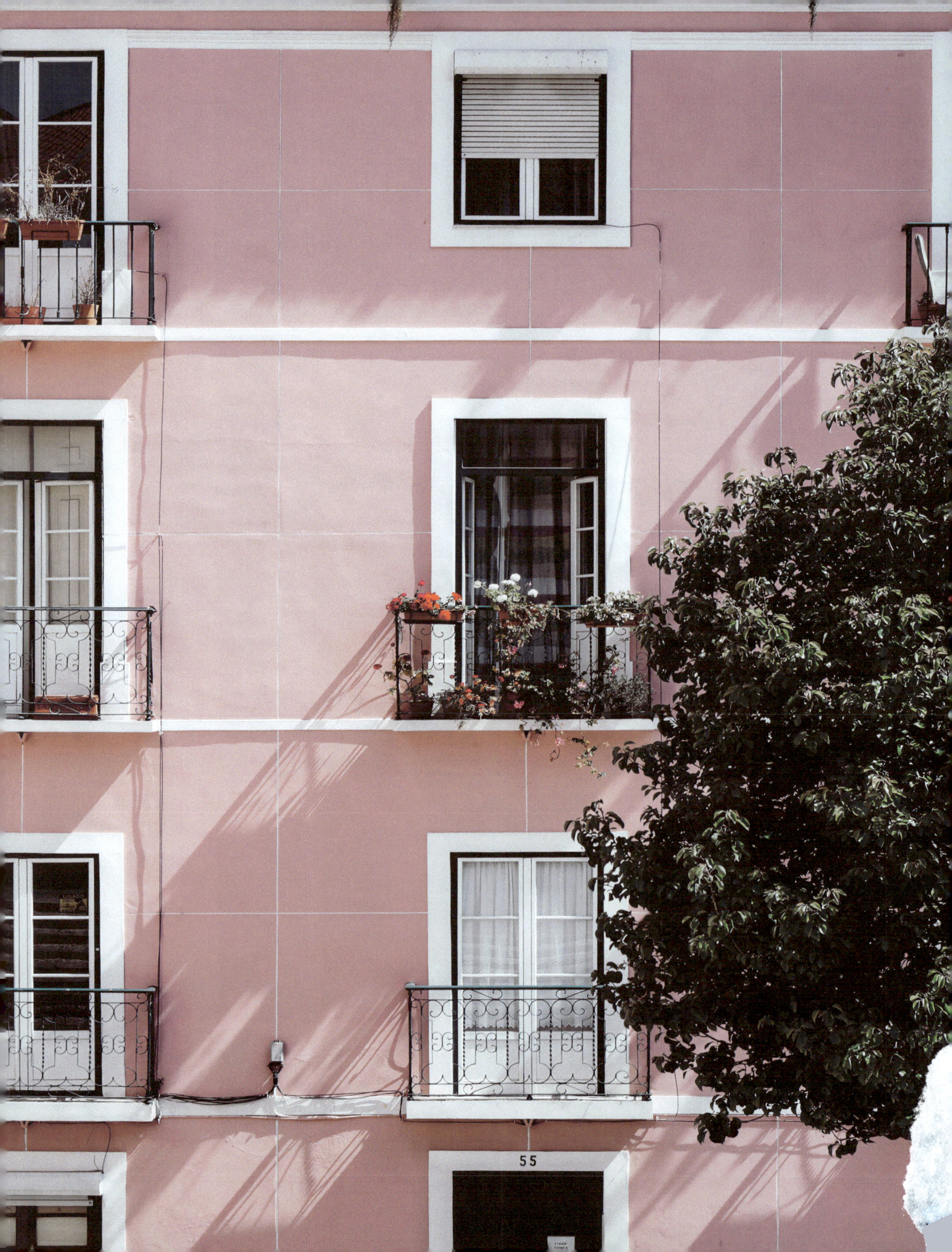
55

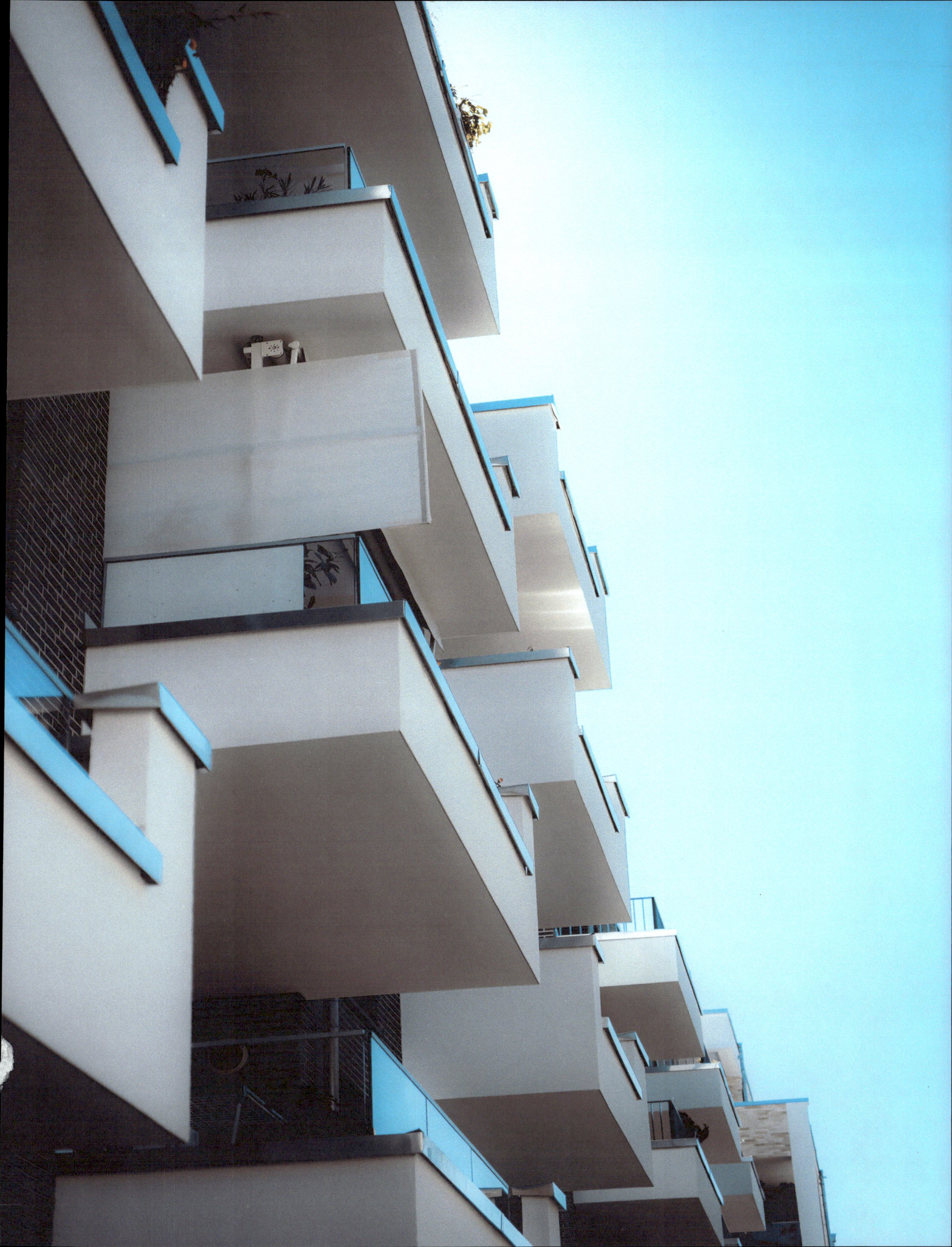

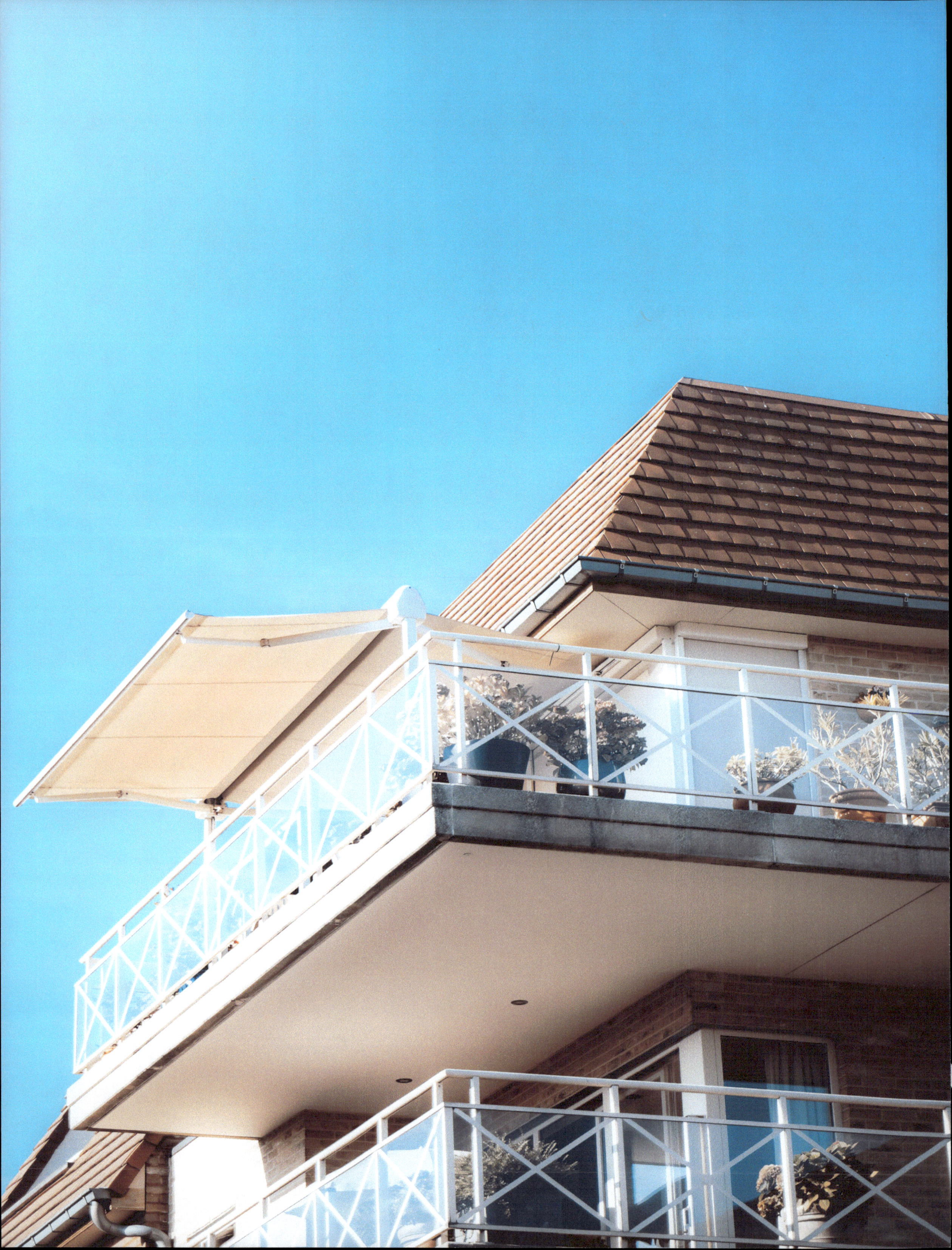

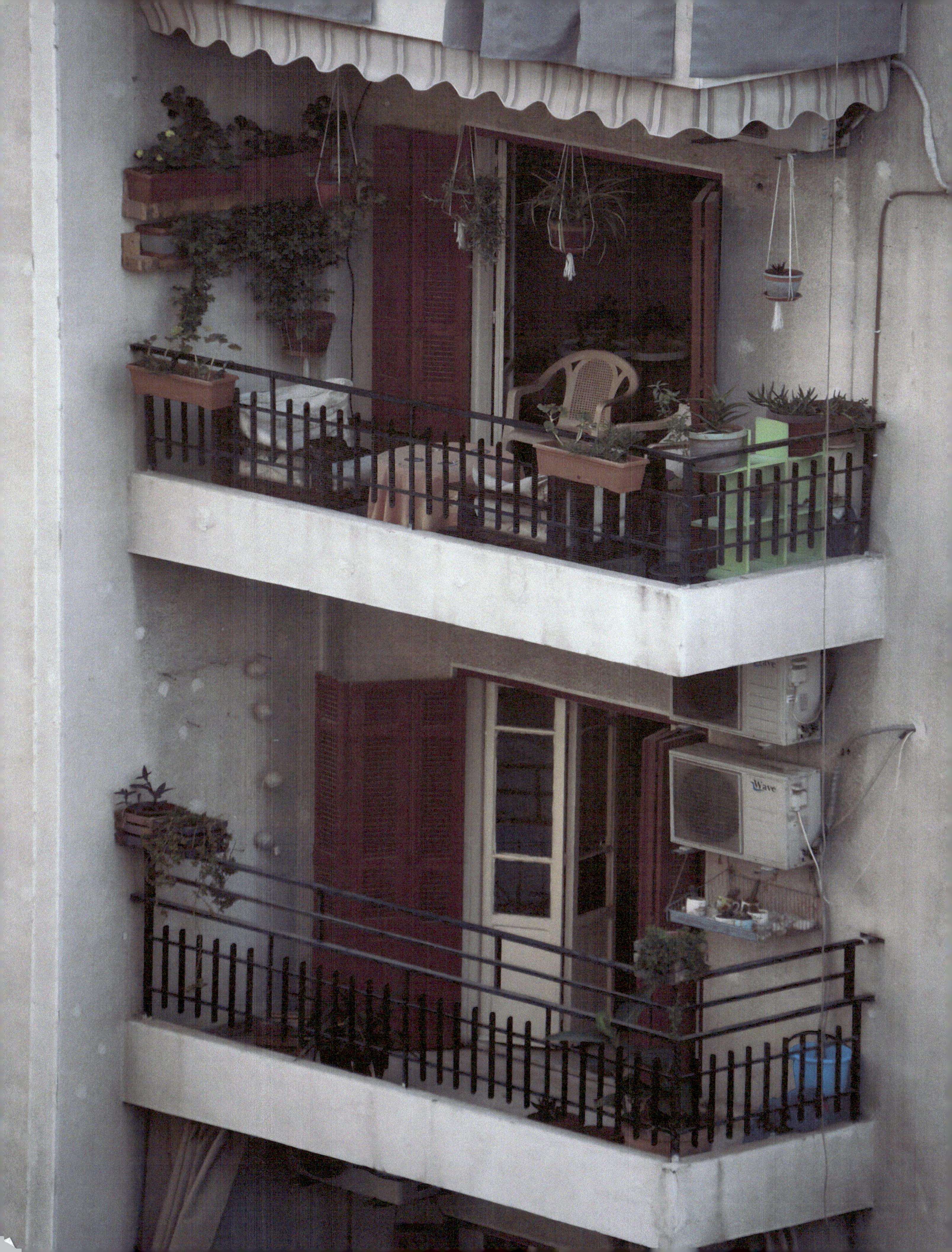
Wave

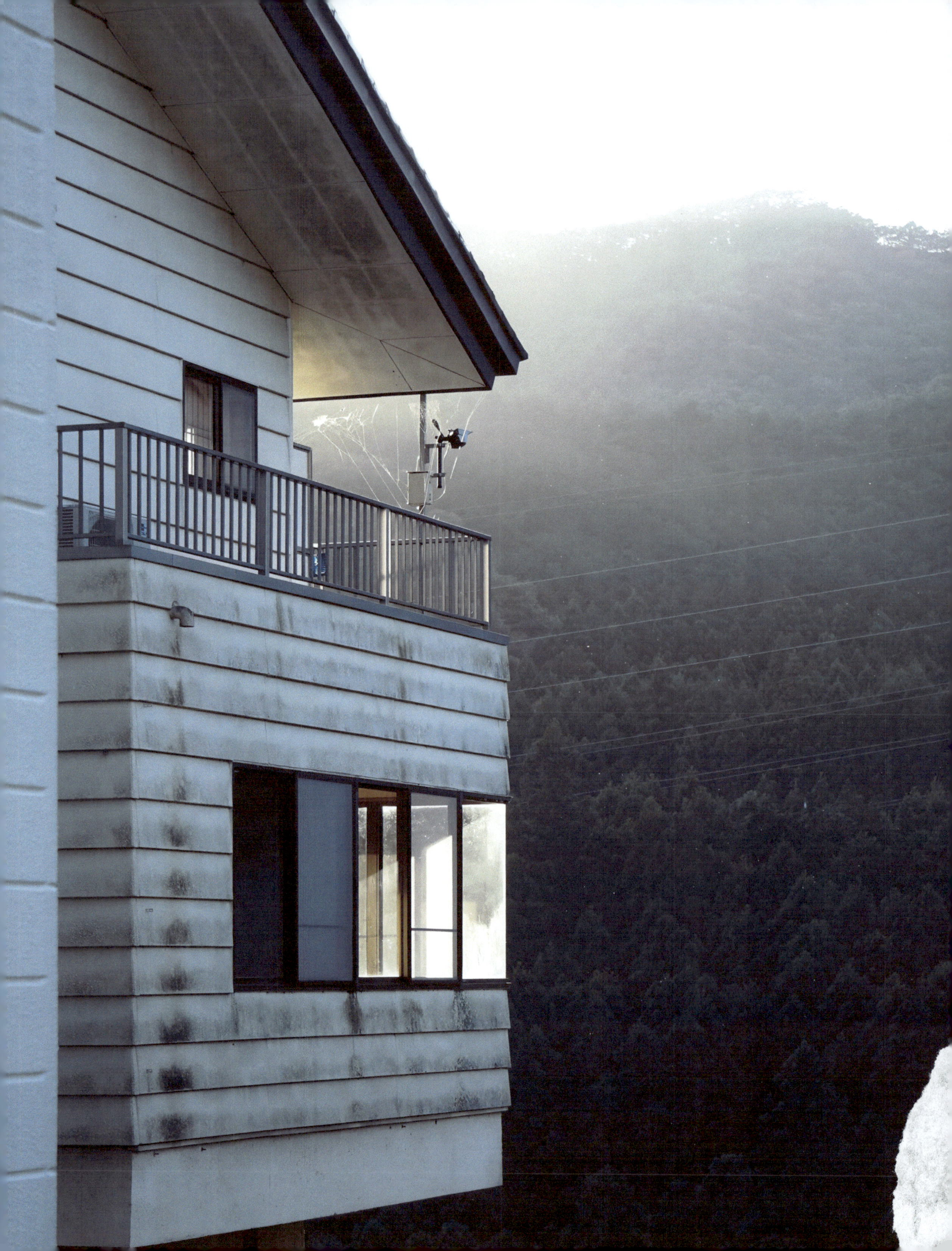

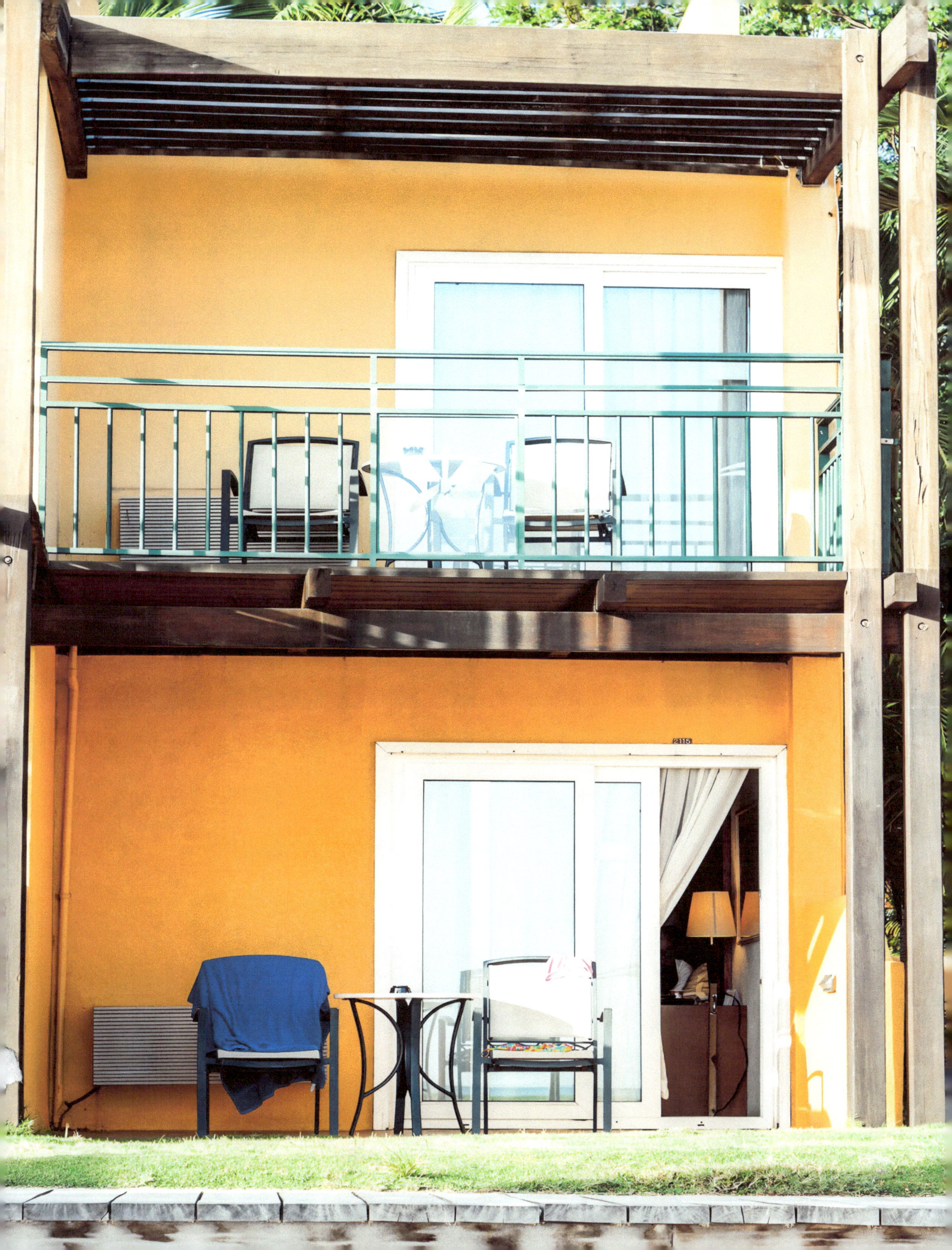

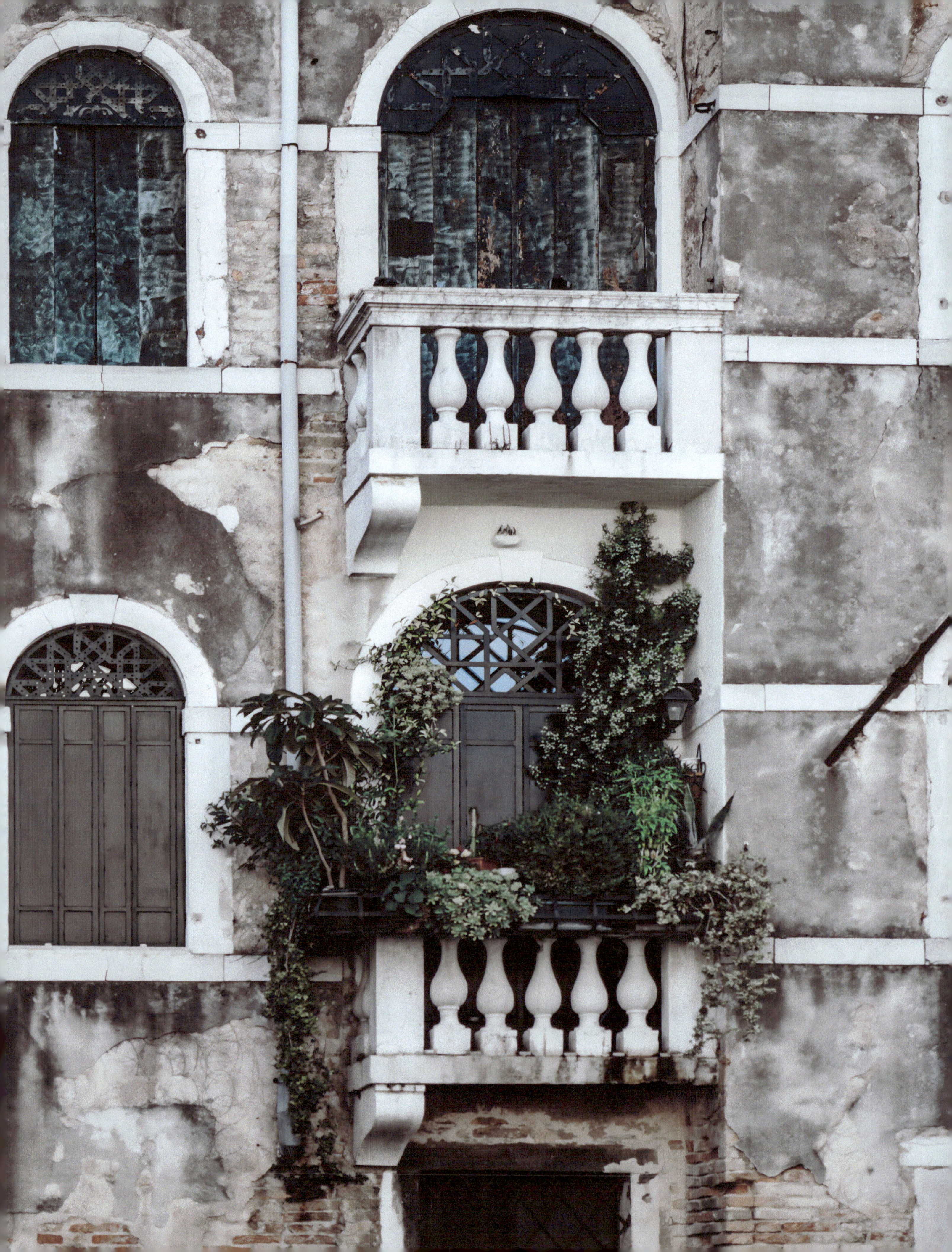

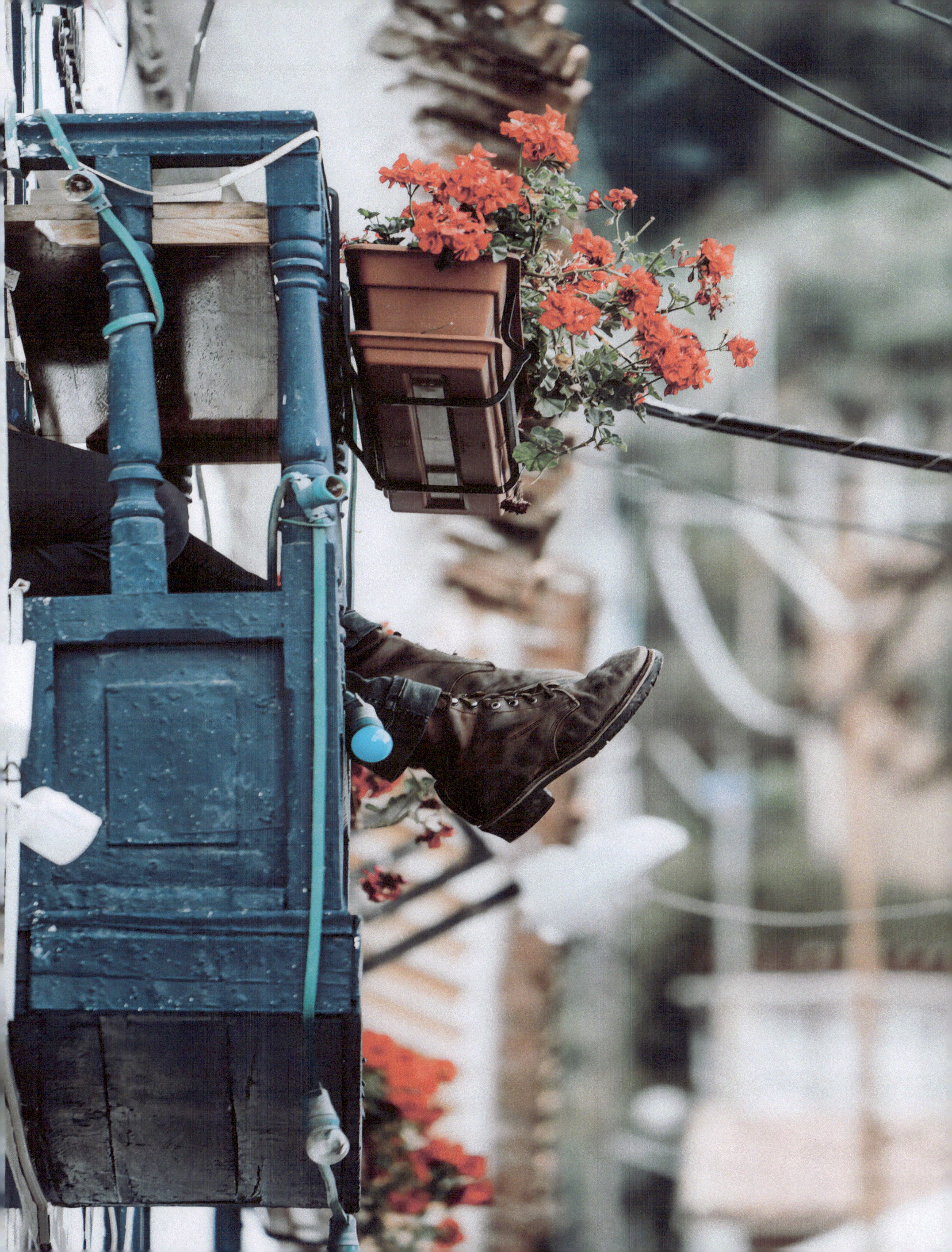

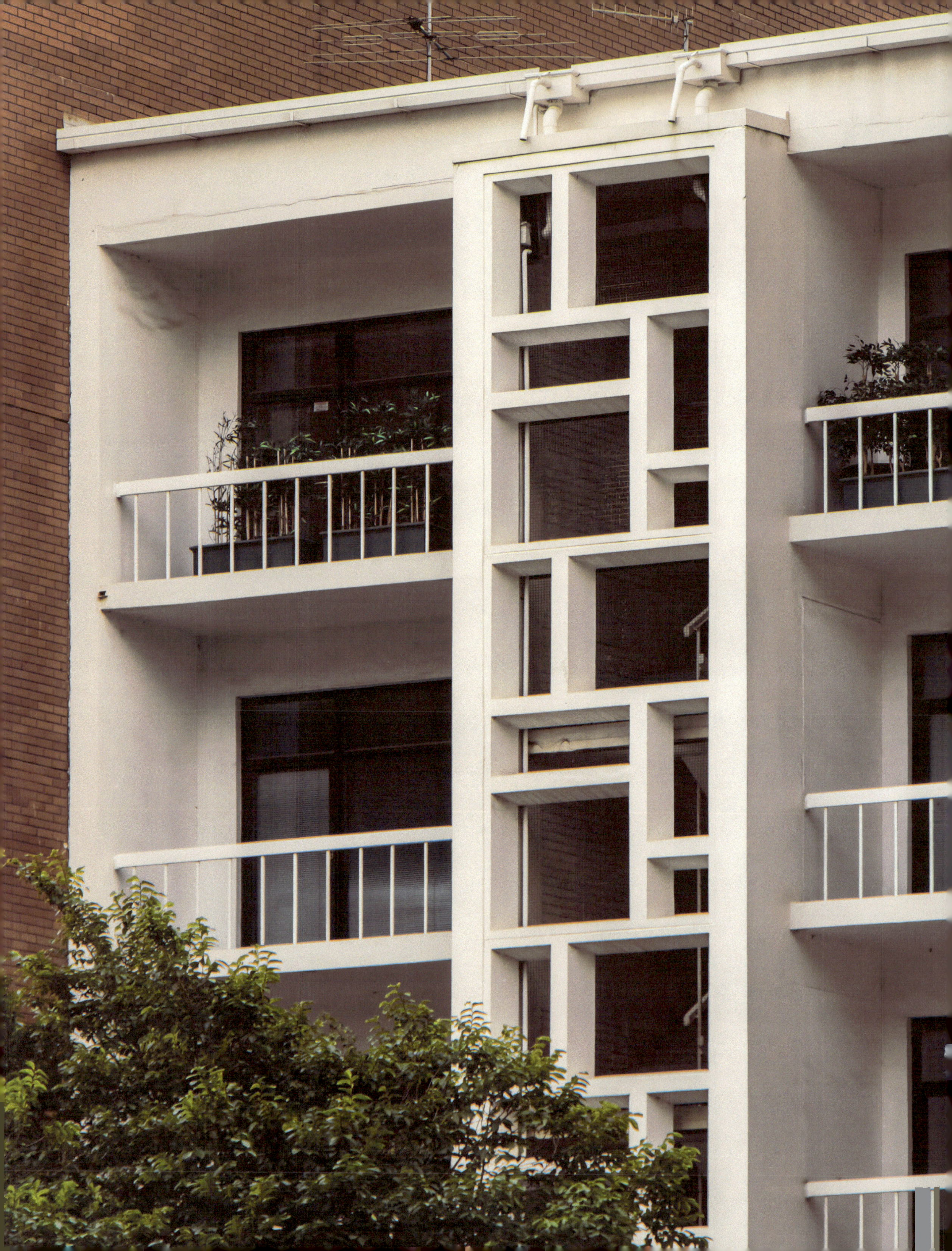

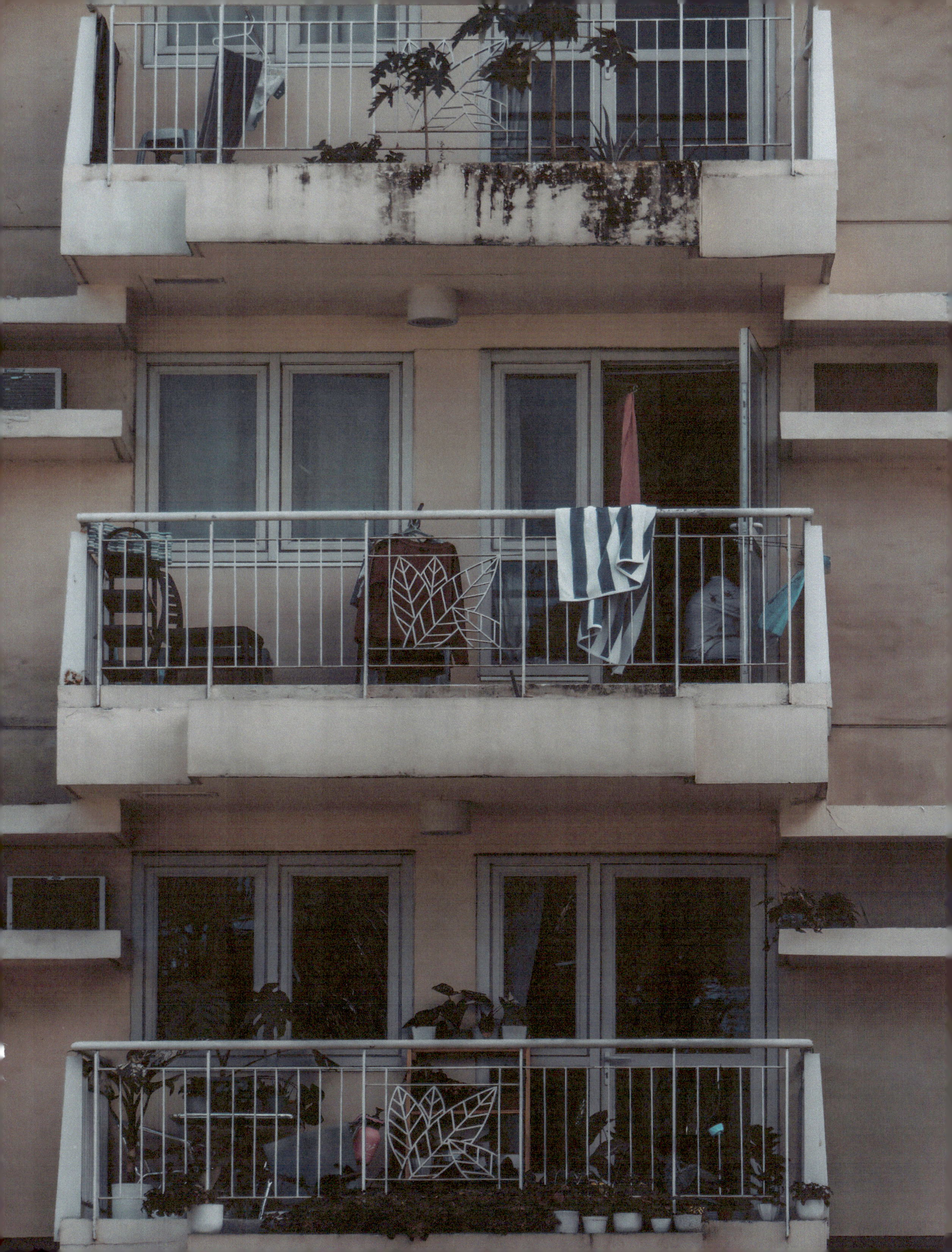

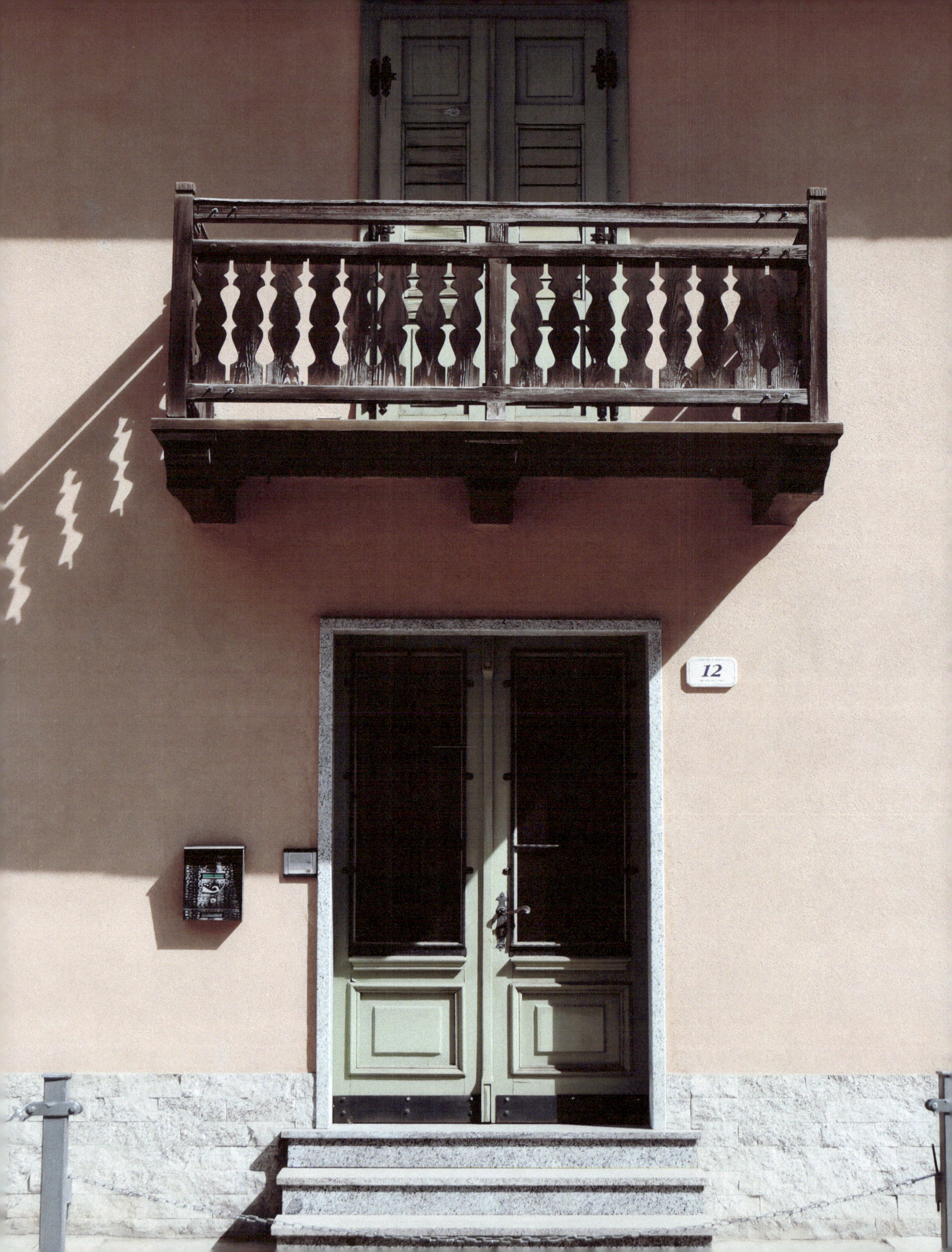
12

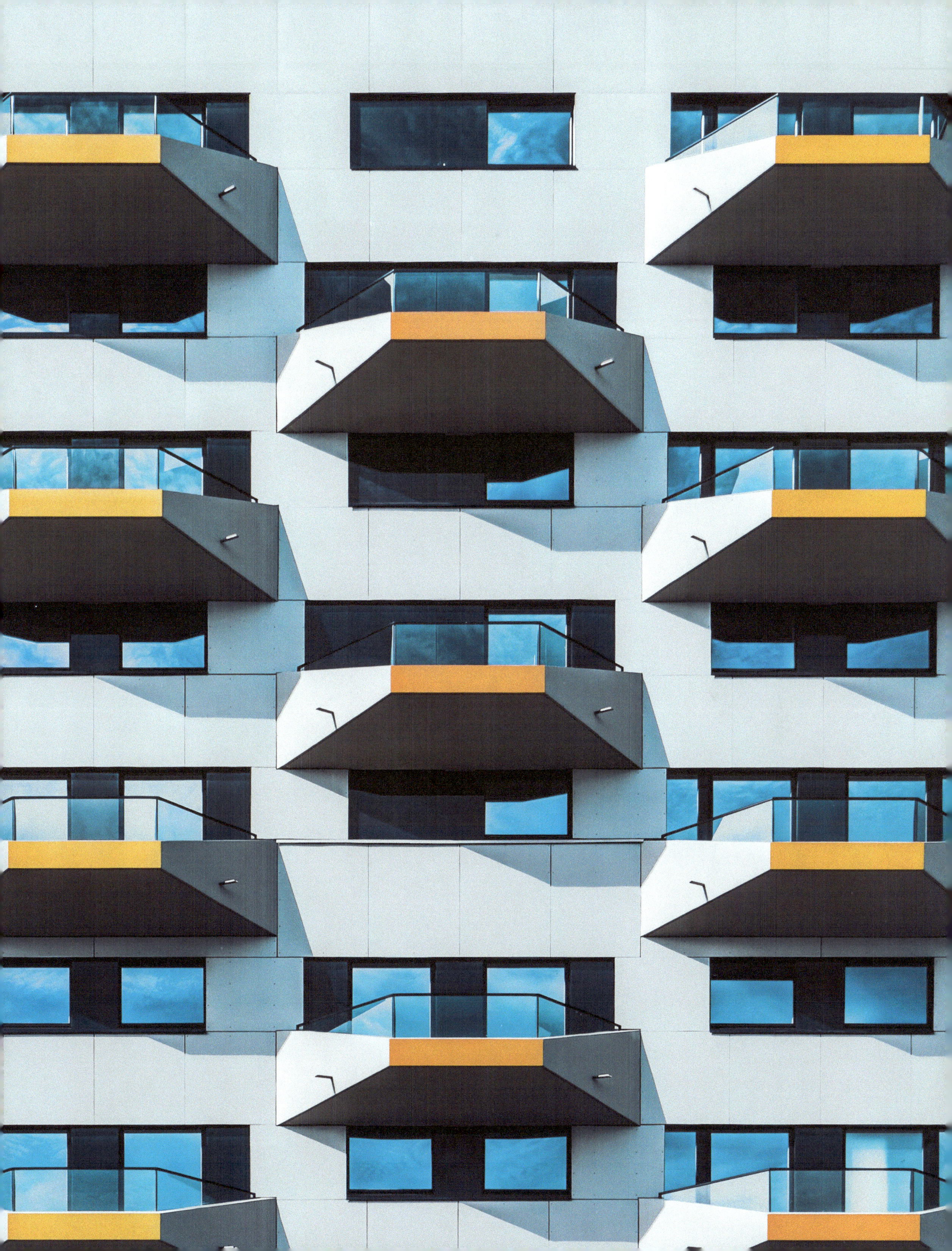

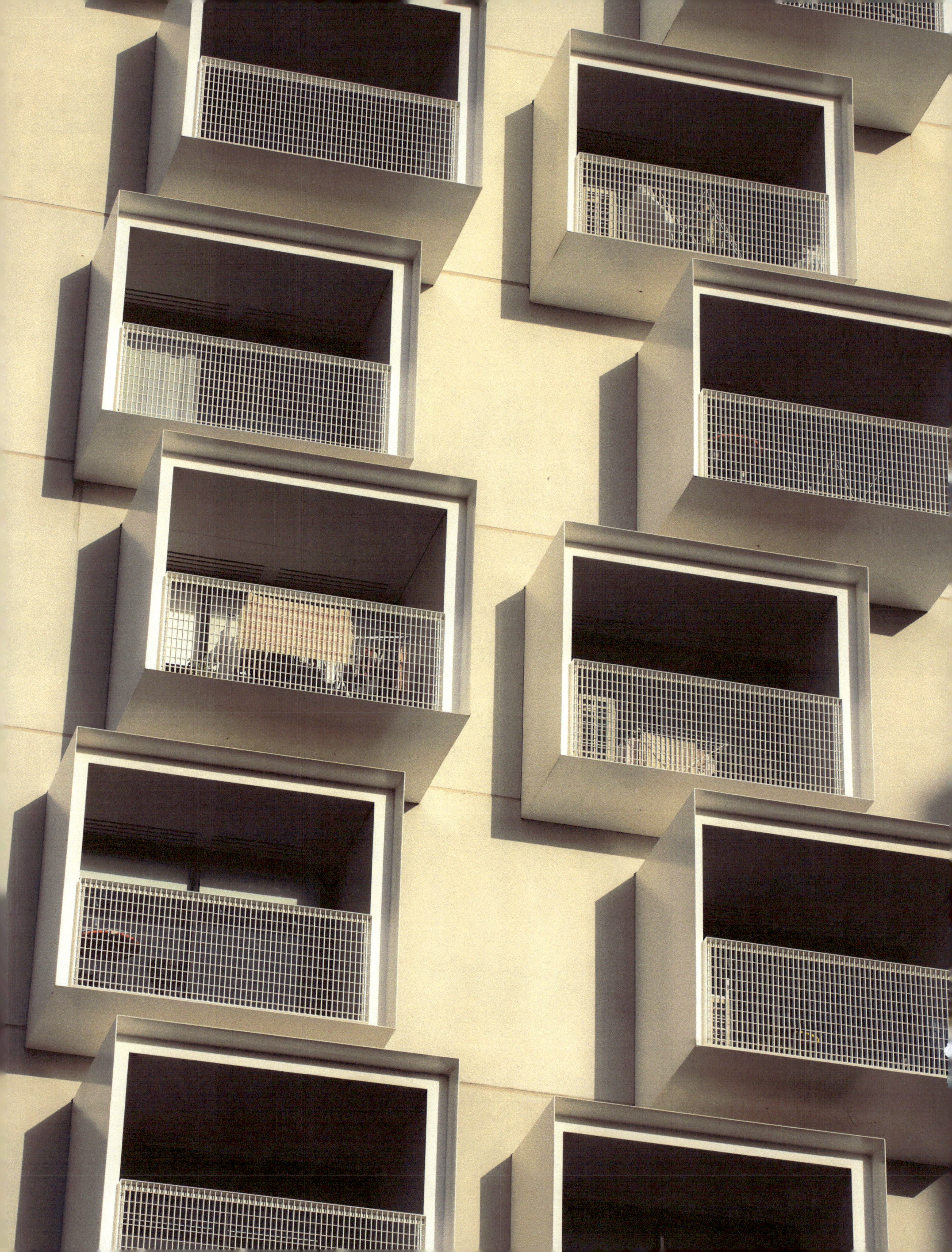

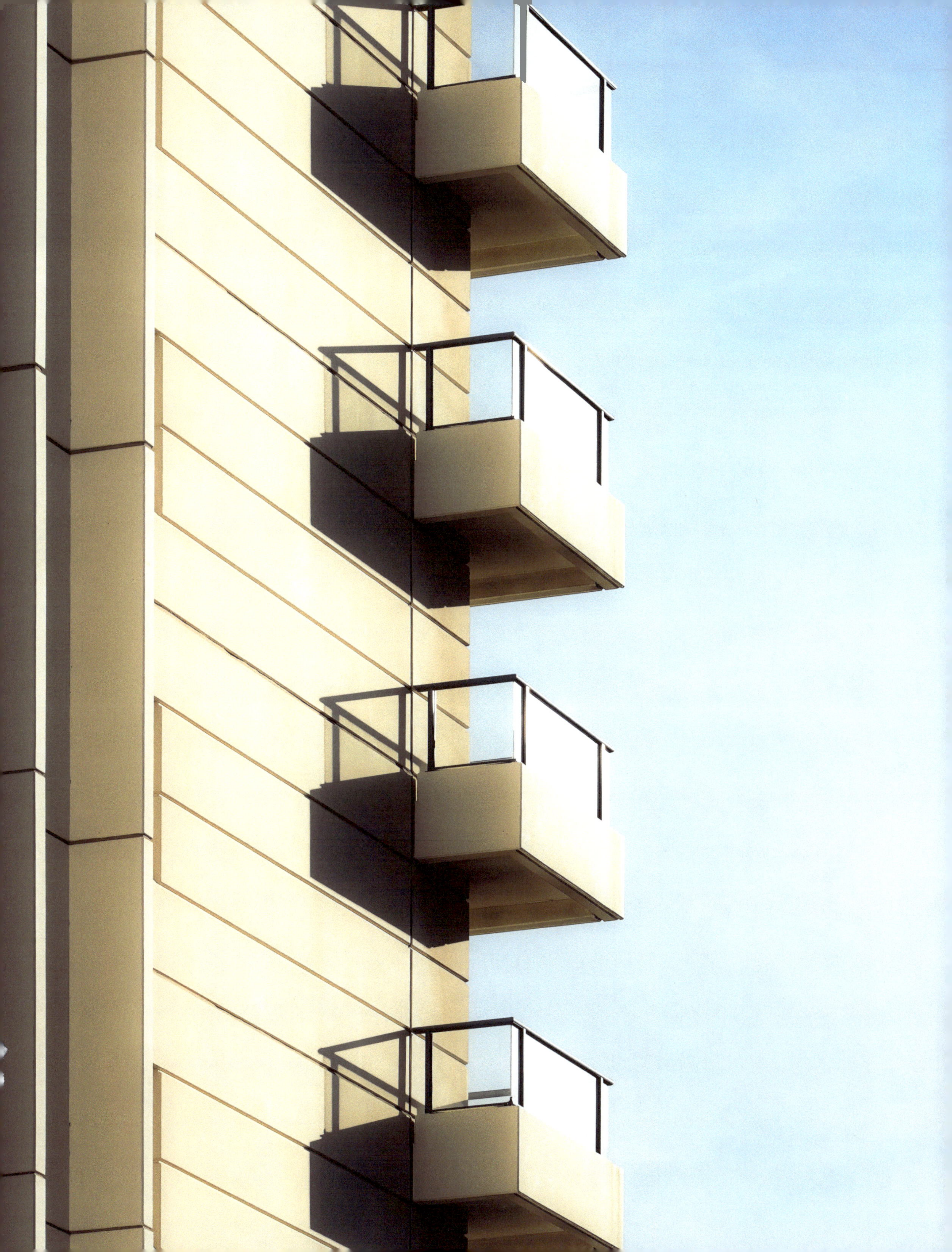

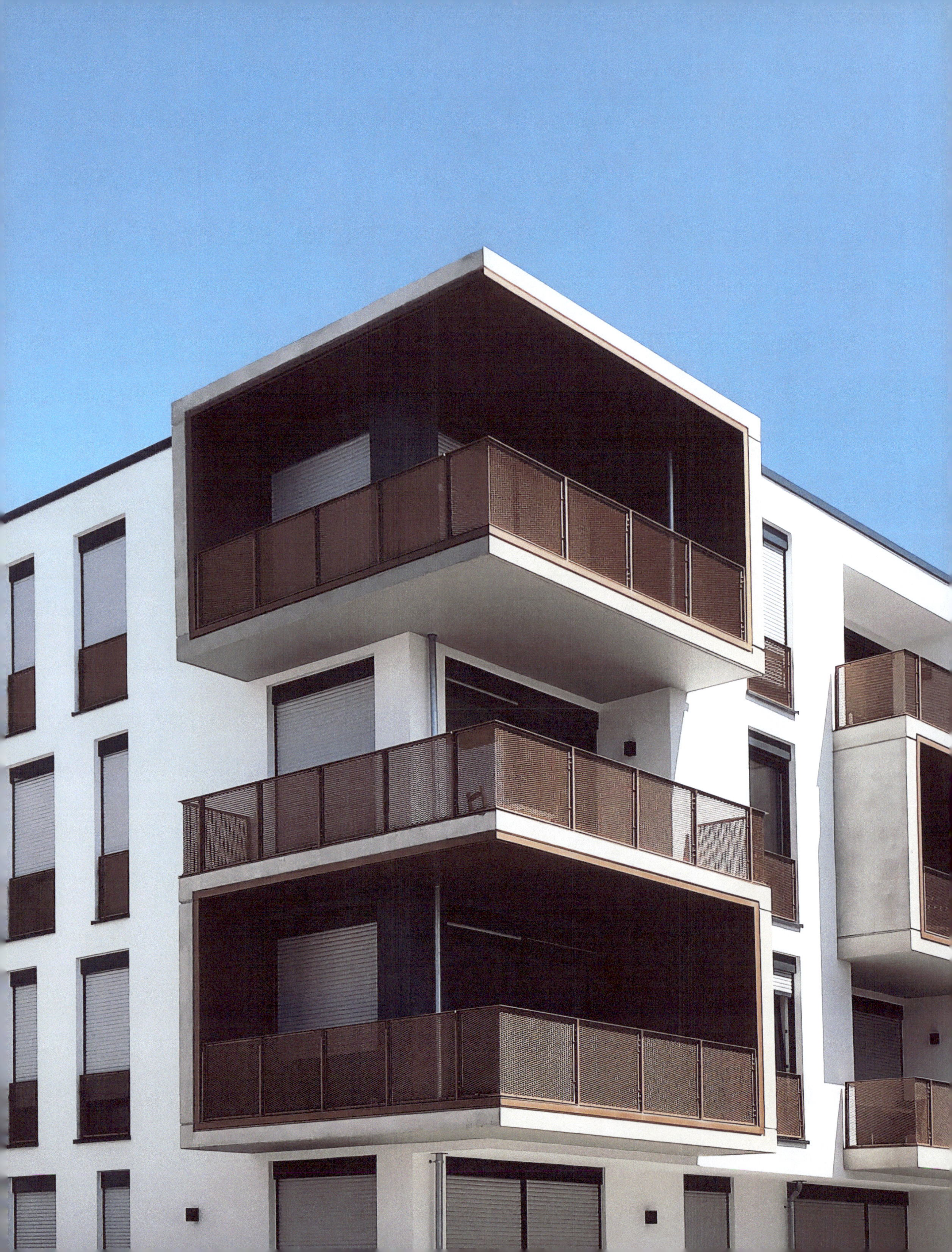

www.ingramcontent.com/pod-product-compliance
Lightning Source LLC
Chambersburg PA
CBHW051828210526
45473CB00005B/1782
9798303128767